LES MIRACLES DE

NOSTRE DAME DE LIESSE,
ET COMME ELLE FVT TROVVEE ET
nommée, ainsi que pourrez voir cy apres.

Bons pelerins qui auez deuotion
Et voulez viure sans douleur & tristesse,
Lisez ce liure sans douleur ne tristesse
Et vous verrez comme fut trouuée Liesse,
Dont la feste est le huictiesme de Septembre,
Et ce iour est la Dedicace,
Tres grands pardons ainsi que me remembre
Donnez y sont de tresgrand efficace.

A PARIS.
Chez PIERRE MENIER portier
de la porte Sainct Victor.

Oraiſon à Noſtre Dame de Lieſſe.

O Nobles cœurs, venez de toutes parts,
Approchez vous, ne ſoyez point couards
Marchez bien toſt, & ne plaignez vos pas
Venez icy à tout vos eſtandards,
En delaiſſant vos fleſches & vos arcs
Courez y toſt, & ne vous faignez pas
A ioinctes mains, & les genoux à bas,
Venez querir & impetrer la grace
De la plus belle qu'oncques ne fut en place
Tous cœurs humains qui viuez en triſteſſe
Venez ſeruir la dame de Lieſſe,
Gens ſongeurs, pleins de melancholie,
Gens triſtes qui viuez en folie,
Reſueillez vous, venez faire priere
A la dame qui pour nous ſon fils prie
Et qui nos cœurs de Lieſſe viuifie :
Ouurez vos yeux, vos portes & barrieres,
Oſtez triſteſſe, mettez pechez arrieres,
Il eſt ſaiſon de faire chere lie
Et qu'vn chacun ſon cœur s'y humilie
Deuotement vers la Dame & Princeſſe
Qu'on doit ſeruir en ce temps de Lieſſe,
Tous priſonniers qui deſirez yſſüe
Liſez icy, & vous verrez l'iſſüe
Du beau miracle qu'elle fit en Turquie,
Aux cheualiers à qui honneur eſt düe
Quand en priſon ils furent mis en mué,
Pour la Loy de Ieſus, le fils de Marie,
Car pour ſon vœu ils en leur ſeigneurie
Se trouuerent auec la belle Image
Aupres du bord & deſſus le riuage,
D'vne fontaine, où l'eau courir ne ceſſe,
Tout au plus haut de ce lieu de Lieſſe,
Dame, Princeſſe de tous les Cieux clamée,
Sur toutes les autres tu es la mieux aymée,
De ton cher fils comme dame & maiſtreſſe

En ce beau lieu où tu es renommée
Te venons voir à chandelle allumée
En ton Eglife pour nous donner lieffe.
Rondeau.
DAme de Lieffe, lieffe
Donne à tous tes pelerins,
Qui te requierent par humbleffe
Genoux flefchis à ioinctes mains
Ton fils le Sauueur des humains:
Dame, plaife à ta hauteffe,
Pour nous prier qu'il nenous laiffe,
Quand mort mettra fur nous les mains.
Dame de Lieffe.
Tous mourrons l'vn de ces demains,
Et faut que chacun aparoiffe
Deuant ton fils aduocateffe,
Soyez pour nous à tout le moins
Dame de Lieffe.

HISTOIRE ET MIRACLE DE
Noftre Dome de Lieffe.

Comme le Pape de Rome fut aduerty du tourment que les infideles Sazrazins faifoyent fouffrir aux Chreftiens & comme il inftitua la croifée, pour inciter les Princes Chreftiens à faire la guerre contr'eux.

EN l'an de grace mil cent & dix ans, a-pres le trefpas du noble Duc de Lorraine, oncle du cheualeureux & victorieux, l'vn des neuf preux Godeffroy de Buillon, fut fait Duc de Lorraine, luquel auoit 3. freres bien vaillás Cheualiers, à fçauoir: Baudouin Euftache & Aimery. Et comme parauant long téps vn S. homme nommé Pierre, natif du Diocefe d'A-myés, venant de vifiter les faints lieux d'outre mer

A ij

vit plusieurs maux & trauaux que faisoit Cormu-
nerau, le Roy de Hierusalé, aux Chrestiens & loy-
aux fideles de Iesus Christ & comme ledit Hermi-
te en reuenant par deçà arriua à Rome, vers le S.
pere, pour lors nommé Vrbain j. du nom, auquel
il racompta le grand martyre que souff. oient les
Chrestiens en la cité de Hierusalem, & autres lieux
audict pays, & comme ledit Roy auoit bruslé & de-
struit toutes les Eglises de nostre Seigneur. De laquelle chose le S. pere fut dolent, & pria DEV
pour iceux Chrestiés, & deslors institua la croisée,
parquoy le Duc de Buillon & de Lorraine, & ses
freres, vouërent la croisée: promirent à Dieu de
véger sa mort, chose pour laquelle ledit Godeffroy
vendit à l'Euesque du Liege sa Duché de Buillon:
& moyennant l'ayde de Dieu & de ses freres & autres Princes, Ducs, Barons, Cheualiers & Seigneurs
de France, conquesta en peu de temps la deuote cité de Hierusalem, & en fut couróné Roy où il mit
bonne ordonnance tant qu'il vesquit : Et apres le
decés dudit Godeffroy, succeda Baudouin, & apres
Aimery. Et long temps apres plusieurs Princes &
Barons de France, en furent Roys. Mais pour venir à propos, à la longue, les mescreans voulurent
cóquester à force d'armes ladite Cité & autres pla-
ces que les Chrestiens tenoyent, & pour abreger, le
grand Admiral du Souldan d'Ægipt & le Caliphe
seigneurs des Sarrazins amasserent grand puissance
de Turcs, vindrent mettre le siege en plusieurs pla-
ces, prindrent d'assaut Palestine, Cesarée & autres
villes. Le Pape sçachant ces nouuelles, manda en

pluſieurs pais & contrées aux Roys, Ducs & Princes qu'il leur pleut ſecourir la Chreſtiéré, parquoy
il fit inſtituer pour deffendre la foy, les trois or-
dres de Cheualiers, à ſçauoir les freres Hoſpitaliers
Cheualiers de Rhodes, les Templiers & les Theu-
tonniers. Entre leſquels Cheualiers fuſrét trois freres germains qui furent faits Cheualiers de Rhodes, natiſs du Dioceſe de Laon en Laonnois, dont
le plus aiſné eſtoit Seigneur d'Ephé, le ſecond de
Marchois & le tiers n'auoit nulle ſeigneurie: mais
eſtoit deuot & vaillant Cheualier & pour lors que
ſes nouuelles pitoyables aduindrent, que les Sarrazins faiſoient tant de tourmens aux Chreſtiés. Les
trois freres s'en allerent auec pluſieurs autres Fran-
çois, qui furent enuoyez pour ſecourir les Chreſtiens en l'Iſle de Rhodes. Et comme le grand Soudan d'Ægipte eut fait venir pluſieurs Nigromāciés
deuāt luy, leur demāda s'il aſſiegeoit Hieruſalé s'il
auroit victoire ou non. Leſquels luy firent reſpóce
qu'ouy, pour laquelle choſe il amaſſa grand multitude de Turcs, & Sarrazins, & voulut deſtruire le
ſainct Sepulchre de noſtre Seigneur, occir tous les
Chreſtiés qu'il trouueroit, dont peu de téps apres
que le Soudā eut amaſſé tout ſó exercite de Turcs,
s'en vint auec iceluy vers la Cité de Hieruſalé à ſa
honte & confuſion, car ſon opinion, & la reſpon-
ce de ſes Nigromanciens fut fauce, car le Patriarche de Hieruſalem, & le Roy des Chreſtiens qui e-
ſtoyent dedans ladite Cité eurent grand courage:
& reſiſterent à l'encontre d'eux, tellemét qu'ils en-
uoyerent garder les ports & paſſages de la mer, de

là enuiron. Parquoy quand le Soudan le sceut, il en
fut plus animé & enflammé de courroux & de furie
s'efforça plus grandement de mener son ost & exercite, tellement qu'auant qu'il fut peu de temps vindrét affieger subitement le Roy de Hierusalé en ladite cité, & iceluy Roy n'auoit pas grádemét pour-
veu à ses affaires, mais attendoit tous les iours secours. Et le Soudan cognoissant que ledit Roy &
les Chrestiens estoiét despourueuz & desgarnis de
gens d'armes, pretendoit plustost prédre le Roy &
la cité, parquoy pour mettre en effet & execution só
entreprise, il enuoya soixante mille Payés, Turcs &
Sarrazins affieger la cité de Hierusalé, & le demeurant de son ost enuoya aux enuirons des ports: Et
quand ceux de la cité se veirent affiegez, ils furent
fort esperdus, & commencerent mout à se desoler
& ne sçauoint à qui recourir, sinon à Dieu. Adonc
ordonnerét ieusnes publiques à tous generallemét
mesmement les meres laifferét à dóner les mámel-
les aux petis enfans, & mesmes aux bestes brutes: ce
qu'ils continuerent par trois iours, puis eux se cófi-
ans en nostre Seigneur Iesus-Christ, amasserent enuiron six mille Chrestiens, pour combatre soixáte
mille Payens & Sarrazins: & disoient qu'ils feroiét
plus d'armes spirituelles que corporelles, & plus
diuines qu'humaines. Adonc vint le iour qu'ils furent preffez, si leur conuenoit yffir hors de la cité
ou mourir de faim. Adonc ils se garnirét des armes
de Dieu, & ordonnerent leurs batailles, & faillit
hors le premier, le tres Reuerend & deuot Patriarche de la ville de Hierusalé, portant pour enseigne

& estandard la vraye & S. Croix, de nostre Sauueur & Redépteur Iesus-Christ. Le second, vn tres
reueréd pere Abbé de Clugny, qui pour lors estoit
là, portát la láce dequoy nostre Sauueur Iesus Christ
auoit eu le costé percé. Le iij. l'Euesq̃ de Betleé, portant en vn plat du laict de nostre dame, soy recom-
mandant à elle, plorant tendrement, la requerant
qu'il luy pleust donner liesse & reconfort à toute
la Chrestienté, & auoir victoire contre to°leurs en
nemis. Apres ce bon Euesque, saillit hors de ladite
cité, toute la congregation & l'exercite de la gent
Chrestienne, qui n'estoit que du nombre dessus-
dit. Les Turcs, Payens & Sarrazins, regarderent les
Chrestiens estans en si petit nombre, estimant que
iamais nul d'étr'eux n'eschaperoit. Parquoy ils les
vindrent enuironner de tous costez: Mais l'on dict
vn cõmun Prouerbe, à qui Dieu veut ayder nul ne
luy peut nuire. Les saints personnages, & tous leurs
gens marchoient hardiment deuant, se fians tousiours en Dieu, & le requerant deuoremét, leur sur-
uint vne clarté si ardente & luisante à l'encontre de
leurs aduersaires, tellemét q̃ lesdits Sarrazins n'eurent le pouuoir de leur mal faire, furent contraints
d'eux enfuir. Quand le Patriarche & les autres veirent ainsi fuir leurs ennemis, le courage leur creut
grandement, ils allerent tost apres auec les femmes
& les petits enfans de tous costez, tellemét qu'il en
demeura aux champs plus de sept mille d'occis, &
plus d'autres sept mille furét contraincts d'eux ietter aux fleuues, & furent noyez. Et de nos freres
Chrestiens n'en fut oncques occis vn seul, qui fut

vn miracle. Pour laquelle confuſion le Soudan fut
indigné eſtant pour lors au grand Caire d'Egipte,
il fit incontinent ſes admirauх, & Capitaines aſſé-
bler de toutes parts, coɱmāda d'aſſieger les autres
ports marins que les Chreſtiens tenoient, telʒemēt
qu'ils vindrent iuſques au port de Rhodes & firent
tant à force de Sarraſins, qu'ils furēt les plus forts,
& prindrent pluſieurs Cheualiers Rhodiēs priſonniers, entre leſquels eſtoiēt les iij freres germains
deſſus nommez, & qui firēt de merueilleuſes armes
& occirent pluſieurs Payens & Sarraſins. Or eſt-il
que ces trois freres furent preſentez au grand Soudā d'Ægipte, duquel preſēt il fut fort ioyeux, mais
en fin fut douloureux & triſte. Et ces trois freres
germains eſtant deuant le Souda n, il leur dit main-
tes iniures & vilennies enormes de la foy Chreſtienne, mais les trois Cheualiers furent fort ſages
& conſtans, reſpondirent à l'encontre tout au con-
traire, parquoy luy eſmeu de courage malin, les fit
mettre en priſon en vne groſſe tour, au fond d'vne
foſſe vile & obſcure les bailla en garde à vn Sarra-
zin fort mal piteux, luy deffēdit de ne leur riē donner que du pain & de l'eau, de laquelle choſe le Sar-
razin fut mout ioyeux, car mout deſiroit de les a-
voir en garde afin de les faire mourir de faim, pour
auoir leur deſpouilles. Et apres qu'ils furēt empri-
ſonnez dedans ceſte terrible priſon, le Soudan cō-
mēça à penſer comme illes pourroit tourner à renier la Loy de noſtre Seigneur Ieſus-Chriſt, & les
faire croire en ſon dieu Mahom: Si leur enuoya ſes
Mamelus, leſquels induiſoient leſdicts Cheualiers
de

de renier leur Dieu, leur diſoient que le Soldan
les feroit plus grands ſeigneurs de toute l'Ægipte,
& qu'il leur bailleroit tout l'exercice de ſon oſt,
pour aller contre les Chreſtiens. Et quand les
Cheualiers eurent ouy parler les Mamelus, il n'en
tindrent conte, mais les preſcherent de croire
en Dieu, renoncer leur Loy qui ne valoit rié, pour
croire en Ieſus Chriſt, fils de la Vierge Marie, car
c'eſtoit le vray Dieu tout puiſſant, mais que leur
Mahon n'auoit nulle puiſſance. Quand les Mamelus veirent qu'ils ne les pouuoient conuertir, ils le
vindrent dire au Soudan, lequel cuida enrager de
deſpit. Lors il manda les plus ſçauás de ſon Royaume, & les preſtres de la Loy, leſquels il fit venir deuant leſdits Cheualiers, pour les interroger publi-
quement deuant tous en la ſalle. Quand leſdicts
preſtres de la Loy virent les Cheualiers priſóniers
ils commancerent à les preſcher de Mahomet, &
qu'ils vouſiſſent croire en luy, deſpriſant la Loy de
Ieſ⁹ Chriſt: mais ne ſceurét tãt faire pour preſcher
ne pour arguer, ne redarguer, qu'ils vouſiſſét croire en la Loy des Sarrazins, ains la deſpriſerent du
tout, ne doutant en rié toutes les menaſſes du Soudan. Quand le Soudan vit qu'il ne pouuoit reſi-
ſter contr'eux, il fit appeller ſa fille Iſmerie, la plus
belle pucelle d'Ægipte, fort gracieuſe & bien aue-
nante, luy dit qu'il falloit qu'elle conuertit leſdits
Cheualiers à ſa loy par ſes douces prieres, & que ſi
elle le faiſoit, elle en auroit bon guerdõ. La pucelle Iſmerie reſpondit à ſon pere, qu'elle y prendroit
volontiers la peine. Adonc la pucelle fut menée en

B

la prison deuers les Cheualiers, lesquels estoyét tri-
stes & dolens: Et sembloit au Soudan que les Cheualiers prendroient plaisir a sa fille pour sa beauté
pour la volupté du corps, mais les Cheualiers des-
prisoyent fort l'œuure de la chair.

Comme la pucelle Ismerie prescha les Cheualiers Chrestiens
de croire en la Loy de Mahom, & renoncer
la Loy de Iesus-Christ.

NOBLES Cheualiers Chrestiens, ie
vous saliie de par Mahom: la grand pitié que i'ay de vous m'a fait venir icy
pour vo° recóforter: mon pere est mer-
ueilleusement couroucé côtre vo°, sça-
chez qu'auant trois iours passez, il vo° fera mourir,
Il m'éuoye icy pour vo° declarer, que si voulez prê-
dre nostre Loy & laisser la vostre, qu'il vous saue-
ra la vie: parquoy mes chers amis, ie vous supplie,
obeïssez à luy, & ne soyez cause de vous faire mourir, car ie serois desplaisáte de vostre mort, parquoy
s'il est possible que ie puisse resister à vous garder,
ie le feray volontiers, mais qu'il vous plaise laisser
vostre Loy & vostre Dieu, & croire en Mahom, &
s'il vous plaist me direz vos volontez, & me racon-
terez de vostre Dieu & de vostre Loy, car ie ne croy
pas qu'elle vaille la nostre. Lors respondit le plus
aisné desdits Cheualirs, ô noble vamoiselle, il n'est
rien impossible à nostre Dieu, il est tout-puissant &
bien cognoist toutes choses, il peut & est en luy de
no° deliurer des mains de vostre pere s'il luy plaist,
nostre seigneur Ies° Christ a esté vestu de nostre hu-

maniré,eſt venu en terre pour nous móſtrer exem-
ple de vertu:vne belle vierge nómée Marie l'a porté neuf mois en ſon ventre, & l'a conceu ſás opera-
tion d'homme, l'a enfanté ſans douleur & triſteſſe,
& eſt demeurée vierge à l'enfantemét, vierge apres
l'enfantemét, puis a eſté fait homme comme no⁹,
mais exempt de peché: a eſté crucifié, & a ſouffert
mort & paſſion pour nous racheter & deliurer des
peines d'éfer puis eſt reſuſcité au tiers iour de mort
à vie. Apres eſt monté aux Cieux en corps & en a-
me, maintenant eſt aſſis a la dextre de Dieu ſon pere, & a ſa mere la vierge Marie, à ſon dextre coſté,
c'eſt le vray Meſſias qui tant a faict de miracles, le
Redempteur du monde, celuy de qui les Prophetes
ont tant parlé, & le vray Prophete de tous. Cóment
(dic la pucelle) noſtre Dieu Mahom n'eſt il pas le
vray Prophete? Nény reſpondit le Cheualier:mais
vn trompeur, vn abuſeur, vn ſeducteur de peuple,
paillard, enchanteur, homme remply de tout vice,
& le meſme Mahomet en ſon Alcoran, confeſſe
noſtre Dieu eſtre vray Prophete, & la vierge Marie
ſa mere eſtre vraye vierge, la plus digne de toutes
femmes, cóme appert au chap. du familiar domar
& au chap. admirant, a dit encore qu'elle fut pre-
eſluë de Dieu à eſtre mere du verbe Diuin, de laquelle choſe l'Ange Gabriel luy annonça la nouuel
le:qu'elle conceuroit vn enfant nómme IESVS.Et
dit outre en ſon Alcoran,qu'il fut conceu du ſainct
Eſprit, & que iamais il ne pecha, qu'il fut pl⁹ grand
en bonté & miracles,que ne fut Moyſe, & qu'il ſçauoit toutes choſes & conclud eſtre le vroy Meſſias.

B ij

Parquoy dame ces choſes vous ſont douteuſes en
voſtre loy: mais vous faut auoir recours en l'Euan-
gi e. Diſt outre Mahomet, que iamais il n y eut au
monde nulles gens pa faits que Dieu, c'eſt Ieſus de
Nazareth & ſa mere Marie. parquoy il commanda
que qui les blaſphemera ſoit condamné à eſtre de
tranché en quatre patries. Adonc ſelon voſtre loy
le deuez honoſer, de ce que les docteurs de voſtre
loy diſent que noſtre Seigneur Ieſus auoit promis
à ſes Apoſtres venir à Mahomet pour l'enſeigner
ce ſont friuolles trop euidantes: Mahomet fut nay
622. ans apres l'Aſcenſion de noſtre Seigneur Ieſus
Chriſt combien que de luy & d'autres faux Prophetes, ſeducteurs du pauure peuple, auoit noſtre Seigneur predit la venue: parquoy ie meſmerueille
comme vous eſtes ainſi abuſez, veu que c'eſtoit vn
homme de meſchante vie: car par enchantemens il
fut fait Comte, puis eſpouſa la Conteſſe Cadicam,
apres fut Capitaine des brigans, puis Roy d'Arabie
par force: & apres fit occire cent ſoixante mil Chreſtiens auant ſa mort, cheoit du mal caduque, il eſtoit yurongne ordinaire, & qui pis eſtoit, il auoit
pluſieurs femmes & concubines, qui eſtoit contre
la loy de nature. Et le vilain damné fit comãdemét
en ſon Alcoran, ſodomie, rapine, piller, deſrober
l'vn l'autre, & autres vices deteſtables, puis il mou-
rut ſubitement fut mangé des porceaux emmy les
champs tout puant, cõbien qu'il auoit dit qu'il re-
ſuſciteroit au tiers iour, cõme auoit fait noſtre Redempteur Ieſus, mais il mentit, & depuis ſa mort
pluſieurs autres faux prophetes, ſes diſciples qui

l'auoyét ſuiuy, comme fit Ebimuſe, qui luy ſucceda
lequel fit croire le peuple à luy & a multiplé tous
iours en auant ceſte meſchante loy plus que deuãt.
parquoy madame, ſi ie deuois mourir de mile tour-
més, & il pleut à voſtre pere me dóner audiance, ie
reſprouueroisdeuãt tout le peuple ceſte meſchãte
Loy qu'ils tiennent, qu'elle ne valut iamais rien.

*Comme la pucelle vint raconter d ſon pere, ce que les
priſonniers luy auoyent dict.*

ET quand la pucelle veit que elle ne pouuoit
vaincre les Cheualiers, elle s'en vint deuers
ſon pere fort dolente, & luy compta tout ce que
les Cheualiers luy auoyent dict. Cecy oyant le
Soudan, cuida ſortir hors du ſens, commanda par
deſpit qu'on les mit de rechef en pl° cruelle priſon
les menaçãt de les faire mourir en deſpit de noſtre
Sauueur Ieſ°-Chriſt, par pluſieurs tourmens & cõ-
mãda qu'ils n'euſſét que bien petit de pain & d'eau
& dou ant que le geollier ne leur baillaſt trop ſouuent à manger ou autres viandes, il deſmit le geel-
ler, & en bailla la garde à ſa fille, auec charge de les
nourrir, ainſi cuidant par indigence & neceſſité de
viure, & par les douces paroles d'elle, qu'elle les
induiroit à la Loy payenne. Quand la pucelle ſe vit
auoir la charge des priſóniers, elle fut ioyeuſe, ſi pẽ-
ſa qu'elle les interrogeroit de la Loy de Ieſ° Chriſt
& leur portant du pain & de l'eau, leur demanda ſi
en leur loy eſtoit parlé de ceſte belle vierge Marie,
de quoy ils luy auoiér parlé, & s'il eſtoit ainſi qu'elle euſt conceu ſans homme du vouloir du S. Eſprie

Lors l'aiſné reſpondit qu'ouy, & que la Loy eſtoi
telle qu'on le ſeruoit auſſi bié que ſon fils, que d'el
le proœedoit tout bien, tout honneur &ioye, telle
mét qꝉe toute perſonne qui la ſeruoit de bon cœur
& de bon courage, ne peuuoit mal finir, & accom-
pliſſoit tous ſes deſirs Quãd la pucelle eut bien en-
tendu ce que le Cheualier luy diſoit. elle fut toute
penſiue, puis print congé d'eux, les reнferma comme parauant, & s'en retourna en ſa chambre, & y e-
ſtant entrée, lle cõméça à ſouſpirer, & deſloгs vou
lut ſçauoir que c'eſtoгt que ceſte belle vierge Marie, & tout le iour & la nuiⷰt ne ceſſa d'y penſer. Le
lendemain au matin print du pain& de l'eau&s'en
vint apporter à manger aux priſonniers. Et quand
ils la veirent, ils furent bien eſbahys de ce qu'elle y
venoit ſeule : ſi commença à diге le plus aiſné : ô
douce vierge pucelle mere de Dгeu, ie te remercie
quãd il te plaiſt que ſi belle pucelle nous vienne viſiter, reconfoгter, & aporter noſtre ſubſtance. Lors
la pucelle leur dit : ſeigneurs prenez en gré ce que
ie vous apporte, ſçachez qu'il me deſplaiſt qu'autre
ment ie ne vous puis traiⷰter, mais au fort, ce n'eſt
que par vous, car ſi vous voulez reduire à noſtre
Loy, vous ſerez toſt dҽliᵪrez de ſi griefs maux, & ſi
de bref vous ſerҽz tourmentez fort cruellement ſi
vous n'auiſez autrement à voſtre affaire. O Damoi
ſelle, dit l'aiſné Cheualier, nous ne craignons rien,
les tourmҽns, ny les menaces de voſtre pere : Car
nous auõs fiance en Ieſus Chгiſt & en ſa mere Marie, qu'il nous deliuгera bien toſt ᴅ'icy, car c'eſt celuy pour l'amour de qui nous ſommes priſonniers.

Seigneurs (dit- elle) ie vous prie dictes moy qui eſt
ceſte dame Marie? C'eſt (dit le Cheualier) la Royne
de tous les cieux, & de toute la terre. dame des Anges & Archanges, mere de Ieſus Chriſt. Comme ce
peut il faire, dit la pucelle? Lors le Cheualier luy
cõpta tout le miſtere de l'incarnation, & de noſtre
foy, dit dauantage, c'eſt la dame de Lieſſe, le reconfort des deſolez, la mere des orphelins, radreſſemét
des foruoyez, & le ſalut de tous ceux qui ont eſpe-
rãce en elle, le ſupport & repos des trauaillez, c'eſt
la fontaine de tous biens, & ſa belle figure à veoir
donne au cœur ſi grãd ioye qu'il eſt impoſſible que
ie le vous puiſſe dire. Adonc la pucelle leur demanda s'il en auoit quelque figure. Le Cheualier reſpondit que non. Lors dit la pucelle. N'ya-il nul de
vous qui m'en ſçeuſt faire quelqu'vne? Car ſi vous
m'en voulez faire aucune figure, cependant que ſerez en ce lieu priſonniers, ie vous penſeray bien, &
ſi vous deliureray hors de ce lieu, & vous donneray
aſſez d'or & d'argent pour vous en aller. Adõc reſpondit le Cheualier qu'ouy, moyennant qu'elle luy
apportaſt du bois, & les outils de menuiſier propice à ce faire. Bien dit la pucelle, demain ie vous en
apporteray aſſez, & tant qu'il vous ſuffira. Lors ſe
partit, les renferma comme deuant, retourna en ſa
chambre ioyeuſe de la promeſſe que les priſõniers
luy auoient faicte. D'autre part les priſonniers de-
meurerét bien eſbahys, car nul d'eux n'auoit iamais
tenu outil pour faire ouurage, & n'euſſent ſceu par
quel coſté cõmencer, & ſe prindrét à regarder l'vn
l'autre eſtans fort triſtes, puis dirent les d'eux autres

freres à celuy qui auoit promis à la pucelle de faire
l'Image: Beau Sire, côme auez vo° olé promettre
ceſte Damoiſelle, la choſe qui nous eſt impoſſible,
car iamais vo° ne ſceuſtes rien de tailler ny de por-
traire, frere, taiſez-vous dit il, Dieu & la belle dame
nous aydera, car i'ay grande fiance en elle. Le lédemain, la pucelle les vint reuoir, leur aporta bois &
outils, vin & viandes aſſez largement, dont mout
s'eſioüyrent, car il y auoit long téps qu'ils n'auoiét
guere bien repeu. Et la pucelle deſirant veoir ceſte
Dame Marie ou l'Image d'elle, leur dit : Seigneurs,
tenez voicy bois & outils, beſongnez ie vo° tiendray promeſſe, faites tant que demain au matin ie
la treuue faire, à tãt ſe partit d'eux : lors vn des freres dit: c'eſt grand outrage luy auoir promis tel ouurage, veu que nul de nous ne s'y cognoiſt, ne vous
chai le dit le frere aiſné, l'eſprit où il veut inſpire,
prions auant que dormir noſtre Seigneur Ieſus & ſa
mere qu'il nous vueille ayder, i'ay eſpoir moiennãt
ſa grace qu'à chef en viendrons. Quand le ſoir fut
venu, tous ſe mirent en oraiſon, & priant Dieu s'é-
dormirét. Et enuiron minuit eux dormans, la vierge Marie ſe trãſmit en la priſon par les Anges chã-
tans melodieuſement l'image de noſtre Dame de
zieſſe qu'ils auoient promis de faire à la pucelle, laquelle Image rendit par tout la priſon ſi grãd clarté que c'eſtoit merueille de voir le lieu qui au parauãt eſtoit ord & puant, fut remply de toutes bonnes odeurs. Adonc pour le chãt des Anges s'eſueil-
lerét les priſõniers, qui veirent la priſon en lumiere & clarté côme s'il y euſt eu dix mille torches allu-

mées

mées ſi le mirent à genoux eſcoutant le chant me-
lodieux des Anges, leſquels mirét ladite image aupres du frere aîſné, & quand il la virent ils s'incli-
nerént tous deuant elle, remerciât Dieu & la vierge Marie de ce qu'elle les auoit ainſi confortez. Le
lendemain matin la pucelle ne faillit à leur apporter à boire & à manger en la priſon, mais en trât dedans, elle comméça à ſentir auſſi bon côme ſi toutes les ſenteurs & odeurs du môde euſſent eſté léās.
Si ouurit le dernier huis, dea ſeigneurs, dict-elle,
qu'eſt cecy, qu'elle clarté, qu'elles odeurs, qu'elles
eſpiceries auez vous, iamais ie ne ſenty ſi bon. Madame dirent les Cheualiers, c'eſt la grace de Dieu &
de ſa vierge mere qui a nettoyé ceſte orde & vilai-
ne priſon. Lors eſtoiét a genoux les mains ioinctes
deuât la belle Image, laquelle la pucelle ne voyoit
encores point : car l'Image eſtoit fort petite, telle
comme on la void encores à preſent, en l'Egliſe de
noſtre Dame de Lieſſe : Les nobles Cheualiers diſoient lors en plorant, arrouſant l'Image de leurs
larmes. Or ſera ceſte Image icy doreſnauant appellée noſtre Dame de Lieſſe : & ioye nous donne & donnera au cœur à tout iamais.

R eſtoit ainſi que la pucelle Iſmerie deſiroit tant de voir ceſte Image, & entrant
en la priſon voyant ſi grande lumiere fut
fort eſmerueillée, demanda que c'eſtoit. Lors reſpondit le frere aîſné : Madame, c'eſt la reſplédeur
C

de l'Image que ie vous ay promise. Quand elle vi
l'image, soudain fut au cœur rauie en lamour d
Dieu & de nostre Dame. Et incontinent se mist
genoux disãt: ô Image dure que tu es belle, ie croy
fermement q la Dame pour qui tu es faite est beaucoup plus belle que toy. O nobles seigneurs comme l'auez vo⁹ taicte telle? voicy vn visage biẽ plai-
sant, & fort doux à regarder, vous estes fort grands
ouuriers d'auoir taille si plaisante Image. Madame
dit l'aisné cheualier, c'est grand miracle, nul de no⁹
n'y a touché: mais par la volonté de Dieu nous a e-
sté apportée ceste nuict, par les Anges de Paradis
chantãt melodieusemét. Il est bon à veoir dit la dame que ce n'est pas ouurage d'homme mais diuin:
or veux-ie seruir ceste dame tãt que ie viuray & son
fils aussi, ie laisseray la loy paienne pour prendre la
vostre si me voulez donner ceste image, ie me seray baptizer & seray bõne chrestiéne: si luy respõ-
dirent que de tresbon cœur luy dõnoient. Ie vous
tiendray promesse, dit la dame, soyez seurs que ie
vous deliureray auãt peu de temps. Lors print l'I-
mage entre ses bras, l'éporta secretemét en sa chãbre, la posa sur vn riche tapis, puis ferma son huis
sur elle, affin de la baiser plus de cét fois, ne sçauoit
quelle chere luy faire, & n'estoit marrie sinon que
l'Image ne parloit à elle. Sa chãbre estoit enlumi-
née & si resplédissante qu'il sembloit d'vn Paradis,
& luy estoit aduis que toutes les odeurs du monde
estoient leans tant y fleuroit bon, s'esmerueilloit
fort dont ce pouuoit venir, puis disoit en son courage ie croy que ceste image est viue veu que si f cr

memét me regarde, il me ſemble qu'elle rit a moy,
puis diſoit. Las ma tres-noble dame quád me ſerez
vous place és Cieux, mon Dieu faictes moy la grace que ie ſois voſtre ſeruante, & bonne chreſtiéne,
car ſans voſtre aide ie ne le pourrois eſtre, pour l'a-
mour de mon pere, pour ce qu'il ne le permettroit
iamais. Adóc la dame mit l'image en ſon coffre de
peur qu'on ne luy deſrobaſt, enueloppée ſecrette-
ment en draps de ſoye: puis ferma ſon coffre à la
clef & ſa chambre, puis alla vers ſon pere fort penſiue. Et quand elle eut eſté long-temps auec luy, &
auec les autres, elle ſe trouuoit toute triſte, & ne
pouuoit arreſter ny durer de faire bóne chere, tellemét qu'elle eſtoit ſi embraſée, qui ne luy fut poſ-
ſible tenir cótenance. Lors haſtiuement reuint a ſa
chábre toute ſeulle, ouurit ſon coffre, reprint ceſte
Image, laquelle quád elle la voyoit eſtoit toute có-
ſolée de ioye & lieſſe, & ne penſoit plus à ſon pere,
neà ſes autres familiers, puis diſoit, ha cheualiers
vo⁹ n'auez pas pour neát appellée ceſte Image Dame de lieſſe:car ſás faute ie ſuis toute rauie de lieſſe quád ie la voy. Tout le iour ſe tiét en ſa chábre à
contépler ceſte belle image iuſques à la nuiċt Puis
apres en ſon dormát luy vint vne aduiſion diuine,
comme elle deliureroit les priſonniers, & ſe feroit
chreſtienne, luy ſembloit que l'image parlóit à elle
& luy diſoit tout le miſtere qui enſuit.

Comme la pucelle deliurà les priſonniers.

LA nuiċt enſuiuant qu'elle eut veu ceſte diuine
viſion elle ſe leua de ſon liċt, enuiró minuit &

chargea grand abondance d'or & d'argent auec ſ
Image qu'elle n'oublia pas : puis vint vers la tou
où eſtoiét les priſonniers, trouua tous les huis ou
uers, qui fut grand miracle, ſi on loüa noſtre Sei
gneur Ieſus-Chriſt: les priſonniers la voyás venir
telle heure furét eſbahis, d'autre part grãdemét ioy
eux: car ils ſe douterét bien qu'elle venoit pour les
deliurer de la priſon où ils eſtoient. Si leur conta
les viſions qu'elle auoit eües, parquoy elle leur dõ-
na courage diſant, venez hardiment apres moy &
n'ayez peur, prenez chacun voſtre part de finance
& me ſuiuez, i'ay eſperance que voſtre Dieu nous
aidera. Adonc ſortirét de la priſõ, s'é vindrét par le
milieu de la cité du Caire, il y auoit emmy les rues
grand nombre de perſonnes qui couchoiét là: mais
en paſſant ne trouuerent aucun qui leur dit vn ſeul
mot, & ſi ne cogneurent la fille ne les priſonniers.
Tellement exploicterent portant leurs belles ba-
gues, & la dame Iſmerie l'Image, qu'ils arriuérét à
la porte laquelle ils trouuerét ouuerte ainſi qu'elle
l'auoit ſongé & expoſé aux priſonniers à ſon a viſion. Et quand ils furent hors de la ville, ils furent
en ſoucy comme ils paſſeroient vn grand bras qe
mer qui leur conuenoit paſſer pour euiter ſubite
ment la fureur de ſon pere: mais noſtre Seigneur &
la belle dame y ouurerét, car ils trouuerent vn iou-
uenceau ſur le riuage de la mer qui leur dict apro-
chez ie vous paſſeray, ie ſçay bien que c'eſt ce que
deſirez. Lors il les fit entrer en ſon petit baſteau &
en vn moment ſe trouuerét de l'auſtre coſté où ils
deſiroient eſtre: eſtant à bort ne ſçeurét quedeuint

le iouuencel, lequel eſtoit Ange de Dieu. Quand
ils furent paſſez iis cheminerent l'eſpace de trois
heures toute nuiⱦ, tellement que la dame fut laſſe,
pria les cheualiers, qu'elle ſe repoſaſt, adōc ſe miⱦēt
tous quatre à l'ombre d'vn buiſſon ſur la verdure.

Comme la pucelle & les Cheualiers, ſe trouuerent auec l'I-
mage à la fontaine pres de Lieſſe quand ils s'eueillerent.

LA pucelle & les Cheualiers dormās aupres
du buiſſon en Turquie, furent ſubitement
tranſmis enſéble des ſaints Anges de Paradis par la volonté de Dieu, ſur le bord
d'vne fōtaine pres de ce lieu de Lieſſe, aupres d'vn arbre, ou ils s'eueillerét au pōⱦ
du iour, dōt ils furét eſbahys. Lors la Dame leur dit,
Seigneurs, ma viſiō eſt aduenüe? Ie croy que no⁹
ſōmes en Frāce en voſtre ſeigneurie. Et ainſi cōme
ils deuiſoiēt enſéble, ils ouyrét vn berger des chāps
qui fiffloit pres d'eux & ſes chiens qui abbayoient,
parquoy legerement ſe leuerent pour aller vers le
berger, pour luy demander en quel pays ils eſtoiēt.
Adōc les trois cheualiers ſe prindrét à courir apres
le berger vers Giſe lez la Maladerie, & laiſſerent la
pucelle, laquelle penſant qu'ils la vouluſſent aban-
dōner courut apres tant qu'elle peut, & oublia ſon
image ſur le bort de la fōtaine. Quand leſdits cheualiers eurent attaint le berger ils l'interrogerét en
langage Arrabic & Turquois: car ils auoiét appris
le langage & ne cuidoient pas eſtre où ils eſtoient.
Adonc leur dit le berger, Seigneurs parlez Frāçois
ie ne vous entends point, amy dit le frere aiſné au-

berger, ſommes nous donc en France? Ouy reſpõ-
dit le berger. Voire mais dit le frere aiſné, en quel
dioceſe? Seigneur dit le berger vous eſtes au dioceſe de Laon en Laõnois, & n'y a gueres d'icy au ter-
ritoire de Marchois. Commét dit le cheualier, i'en
ſuis ſeigneur Lors ſe mirent à genoux, remerciant
noſtre Seigneur & la vierge Marie, dequoy ils e-
ſtoiét ſi ſubitemét tráſportez en leurs terres & ſei-
gneuries. Cecy oyant le bergei luy dit cóment ſire
en eſtesvous Seigneur? long temps a qu'on n'en
ouyt nouuelles, ſi vous eſtes le ſeigneur vous don-
nerés grand ioye au pays, Dieu en ſoit loué de voſtre retour. Adóc prierent le berger de les menerà
Marchois, lequel le ſit de bon cœur, & quand ils
eurent cheminé vn peu loiog, il leur cóuint paſſer
pur deſſus vn pont, en paſſant il ſouuint à la dame
de ſon image qu'elle auoit laiſſée pres de la fontaine. Alors retournerent tous enſemble, ſi la trouuerent ſur le bort eſtant toute mouillée: parquoy ladicte fontaine a donné guariſõ à pluſieurs malades
de fieures, pauures etiques, & autres entachez de
diuerſes maladies : mais le peuple ceſſant la deuotion des ſainéts lieux, Dieu ceſſe auſſi ſes miracles.

Comme l'Egliſe de noſtre Dame de Lieſſe fut fondée.

A Inſi cóme les cheualiers & la pucelle Iſmerie
eſtoiét ſur le bord de la fontaine ils commencerent à deuiſer de faire vne chapelle pour mettre
l'Image de Lieſſe, mais voyát le lieu eſtre ſi mal propice, poſerent l'edifice en vn autre beaucoup plus
propice, prochain de la fontaine, à l'occaſion que

là endroit s'eſtoient trouuez, & comme ils deuiſoiét de ceſte maniere, le berger qui les códuiſoit à Marchois leur monſtra aupres d'vn autre lieu lez l'hoſpital, où à preſent eſt vne petite chapelle, & diſpoſerét de la faire en ce lieu: mais pource qu'ils vouloiét aller ce matin là a Marchois, le berger les conduiſoit vn peu plus loing de la fontaine, & cóme ils paſſoient a vn iardin, l'image que la dame portoit deuint ſi peſante qu'il la luy cóuint laiſſer & mettre à terre, car elle ne la pouuoit pl' porter, parquoy leſdiás cheualiers entendirent bien que l'image veut eſtre honorée en ce lieu. Lors Iſmerie & les cheualiers ſe mirent à genoux priant la belle dame qu'elle ne les priuaſt de ſa cópagnie & que là où il luy plairoit volontiers feroient edifier vne Egliſe en l'honneur d'elle. Adonc l'Image fut auſſi legere comme deuát, puis cheminerét à Marchois, & a Eppé, auſquels lieux ils furent ioyeuſement receuz de leurs ſubiáts, pour la ioye qu'ils auoient de reuoir leurs ſeigneurs: chacũ s'efforçoit de venir à eux tát malades ĝ ſains, leſquels ſe trouuerét ſains & haitez à la bien venuë de l'image que la dame Iſmerie portoit, laquelle choſe le lendemain & autres iours, chacũ ſçachant que ceſte pucelle Iſmerie faiſoit miracles: pluſieurs malads venoient de beaucoup de lieux: leſquels s'en retournoient ſains & guaris, à l'occaſió de l'image portée par la pucelle. Ainſi les Cheualiers voás les miracles continuer & ſi euidens, s'en allerent en la ville de Laon en Laonnois, & la noble pucelle auec eux laquelle ils firent baptiſer par l'Eueſque dudit lieu,

& fut nommée Marie, puis demanderent congé à
l'Eueſque de faire edifier vne chapelle ou hoſpital
auquel auoiét propoſé mettre l'Image de Lieſſe, lequel congé leur fut octroyé, lors s'en retournerét,
& le lédemain pres l'hoſpital firent cómencer vne
chapelle, y poſerent ladite Image:mais le lédemain
matin Iſmerie ne luy trouua pas, ains la trouua où
elle eſt à preſét audit iardin , par où ils auoiét paſſé,
parquoy conſiderant qu'il luy plaiſoit eſtre là, firét
faire là endroit vn petit tabernacle des fueilles, &
la laiſſerét là toute nuict , & le lédemain la retrou-
uerét audict iardin où eſtoit la fueillée. Adóc s'en-
quirent a qui eſtoit le iardin, l'achepterét & y firét
vne fort belle chapelle,ou pluſieurs miracles ſe fai-
ſoiét : Cóme priſonniers ſe reclamas d'elle eſtoient
deliurez,aueugles iluminez,ſourds reſtaurez,boi-
teux redreſſez,paralitiques & meſeaux guaris,febri-
citás & tous autres malades ſains, enfás mort-nez
& auortez auoient vie,tellemét que chacun qui en
ouyt parler y venoiét en pelerinage . Ce que voyàt
les cheualiers firent baſtir vne hoſtellerie pour loger les pellerins , & le peuple du pays , commença
peu à peu edifier maiſons de toutes parts,tellemét
que la deuotió que ſouloit auoir le peuple à noſtre
Dame de Laon en Laónois , ceſſa le pelerinage, &
de toutes parts venoiét en ce lieu de noſtre Dame
de Lieſſe . Et pource que l'an 1512. l'Egliſe de Laon
fut bruſlée, parquoy toutes les reliques furét por-
tées par le Royaume de Fráce,& en diuerſes autres
parties, deſquelles Dieu & noſtre dame firent in
numerables miracles, dont chacun y enuoyoit de

ſes

ſes biés tellement qu'auant qu'il fuſt deux ans, ladite Egliſe fut du tout reedifiée. Et quãd elle fut de
diée, il s'y trouua ſi grãd nõbre de peuple qu'il fut
eſtimé à deux cés mil perſonnes forains:mais Dieu
qui ne fait les miracles ſinõ ou il luy plaiſt au x ne-
ceſſitez, diminua le pelerinage & miracles. Et luy
qui veut eſtre ſeruy & honoré en diuers lieux, les
multiplia en l'Egliſe noſtre Dame de Lieſſe, en
l'honneur de ſa digne mere : Et pour accroiſtre la
ſuſdicte chapelle, l'Eueſque de Laon, & Meſſieurs
du chapitre dõnerẽt toutes les pierres qu'ils auoiẽt
de reſte du baſtiment de leur Egliſe, pour edifier à
ladite dame de Lieſſe vne Egliſe:& deſlors fut miſe
ladicte chapelle entre leurs mains, ordonnerẽt vn
de leurs freres Chanoines pour eſtre threſorier &
cuſtode d'icelle Egliſe, & ſont entretenus noble-
mẽt iuſques à preſent là ou miracles innumerables
ont eſté faits,& ſe font par chacun iour,tellement
qu'en toutes regiõs court le bruit de noſtre Dame
de Lieſſe. meſmement entre captifs,priſonniers,&
gẽs marins,qui ſont en perils de mer:car ſur iceux
la vierge fit le premier miracle,& auſſi eſt ſecoura-
ble à ceux qu'on veut faire mourir à tort,quand ils
la reclament de bon cœur,comme appert des trois
Cheualiers qui furẽt cauſe de ladite Image: car iamais homme ne la requiſt de bon cœur qu'il n'euſt
lieſſe & deliurance de ſon opreſſion. Et en ſigne de
ce, ladite Image qui eſt miſe ſur le maiſtre autel, au
milieu des deux autres images, noſtre Dame a touſiours la face ioyeuſe, ſignifiant qu'elle eſt dame de
Lieſſe. Nos peres anciens ont veu & experimenté

D

trois merueilles depuis trois cens nonante ans, &
pluſieurs autres viuãs ont veu ceſte Image eſtre ce-
leſte. Premierement iamais on ne la ſçeut peindre
ne peinture ne tint iamais deſſus, & ſi eſt auſſi fraiſ-
che & entiere que iamais fut. Secondement iamais
autour d'icelle ne fut trouué ne veu quelque ordu-
re cõmune. Tiercement pluſieurs ont yeu l'image
muer ſa couleur à la venuë de quelques Roys, ducs
Princes, Seigneurs, entrans en ceſte Egliſe : c'eſt à
ſçauoir la face toute enflammée & ardente, autres-
fois toute reluiſante, aucune fois paſſe beaucoup
plus que parauãt, ſelõ les faits & courages des perſonnes, parquoy Dieu demonſtre clairement combien il veut qu'on honore ſa benoiſte mere en ce
lieu, en la requerant & priant deuotement pour
auoir finablement par ſon moyen le payement que
Dieu donne à ſes amis au Royaume de paradis.

Autres Miracles qui ont eſté faicts en pluſieurs perſonna-
ges requerant la belle Dame de Lieſſe.

EN l'an de grace mil cent tréte neuf, fut vn pauure homme nommé Pierre de fourcy, lequel
n'auoit pas grands biens, pour ſubſtanter la vie de
luy, de ſa féme, & de trois petits enfans qu'il auoit.
Ceſtuy pauure hóme alloit chacũ iour au lieu pu-
blic où on loüoit les manouuriers : mais il ne trouuoit aucun qui le vouluſt mettre en beſongne, parquoy voyant qu'il ne gaignoit rien, il commença
fort ſe deconforter & dire : Helas dame de Lieſſe
ſecourez voſtre pauure ſeruiteur, aidez luy a viure
luy & ſa famille. Ce bon homme alloit chacũ iour

de maiſon en autre, priát les habitãs qui luy fiſſent
gaigner ſa vie, & que de faim mouroit luy, ſa fẽme
& ſes enfãs : mais onc ne trouua qui vn ſeul denier
luy baillaſt à gaigner. Quãd il vit cecy il fut mout
deſplaiſát, cõmẽça de rechef à dire, helas dame de
Lieſſe, mourray-ie de faim, il m'eſt impoſſible que
i'euſſe courage d'aller demander l'aumoſne. Helas
Dame faut il que ie ſois larrõ, certes ouy, ſi ie veux
viure : parquoy comme par deſeſpoir ſe mit à deſrober ſes voiſins, les plus prochains, & ceux qu'il
ſçauoit qui auoiét du bled, du vin & du lard. Et tellement cõtinua, que les voiſins s'apperceurét qu'õ
les deſroboit, & ſe douterét du pauure hõme, parquoy ils s'accorderent de faire ſi bon guet, qu'ils
le prendroiét ſur le faict, car ils ſçauoient bié qu'il
ne faiſoit rien, n'auoit de quoy viure, & ſi eſtoit luy
& toute ſa famille aſſez en bon point. Adonc firent
ſi bon guet qu'il fut prins au grenier de l'vn où il
rẽpliſſoit ſon ſac de bled. Si l'ẽpoignerent, treſbien
le batirent, diſans qu'ils le feroiét pédre, le pauure
homme ſe voyant pris fut bien eſtonné, tellement
qu'il ne ſçauoit que dire ſinõ qu'il reclamoit la belle dame de Lieſſe deuotemẽt en ſon cœur. Lors les
deux voiſins le lierent, le firét mettre en priſon. Et
quãd le Preuoſt l'interrogea cõfeſſa tout : parquoy
il fut cõdamné à eſtre pendu & eſtranglé. Pour laquelle choſe accõplir, fut mené au gibet, où il requiſt la belle dame de Lieſſe, bien deuotement diſant de belles oraiſons, la priant qu'elle luy ſauuaſt
la vie. Apres ces oraiſons dictes, il mõta à l'eſchelle
& fut pendu par le bourreau qui bien le cuidoit a-

uoir eſtranglé. Quand il fut pendu chacun s'en alla
& il demeura au gibet par l'eſpace de trois iours
ſans mourir, ſoy complaignát du mal qu'il ſouſte-
noit & enduroit. Il paſſa aupres vn berger des cháps
qui ouyt plaindre ce pauure pendu. Lors leua les
yeux vers luy, aduiſa qu'il n'eſtoit pas écores mort.
Quand le pédu le vit il l'appella luy dit : Helas mon
amy va chercher le Preuoſt : & luy dis qu'il m'en-
uoye le bourreau pour m'acheuer de faire mourir:
car ie languis en grand martyre. Lors le berger par
pitié courut vers la ville, où il récótra les deux voy-
ſins qui l'auoient fait pédre, il leur dit. Helas meſ-
ſeigneurs n'eſtes vous pas gens de iuſtice : ouy reſ-
pódirét ils, qui a il? Meſſieurs dit il, voyla vn pauure homme qui eſt au gibet pendu il y trois iours,
lequel m'a prié d'aller dire au Preuoſt qu'ó le vienne acheuer de faire mourir. Alors furent les deux
voiſins bien eſbahis d'ouir ces nouuelles, ſi dirent
au Berger, va dóc, ne te chaille nous y allons. Incó-
tinent s'en allerent au gibet, quand ils furent mon-
tez à l'eſchelle, ils rirerent leurs couteaux & don-
nerent cinq ou ſix coups au trauers du corps de ce
pauure patient : mais iamais ne le peurent acheuer
de faire mourir. Quand le berger qui loing d'eux e-
ſtoit, aperçeut qu'ils martiroiét ainſi ce pauure pédu cómença à crier. Helas ceux acheuent de tuer ce
pauure hóme, & ie cuidois qu'ils le deſpendiſſent,
Alors courut à la ville ou il trouua le Preuoſt, auquel il conta le cas, dequoy fut eſtonné. Subitement móta à cheual, & alla auec le berger au gibet
ou il trouua encores les deux voiſins, qui ne s'en

pouuoient departir, diſoient l'vn a l'autre, noſtre
Dame il me ſemble que ie ſuis lié de chaiſnes de fer
par les pieds. Ainſi fait-il a moy diſoit l'autre, ie ne
m'en puis fuir ny ſortir. Quand le Preuoſt les veit
il leur dit:Ha Seigneurs qu'auez vous fait à ce pau
ure hôme?Ha môſieur dit le pédu, ils m'ont tât fait
de mal, & plus cét fois que n'a fait le bourreau : ils
m'ôt nauré parmy le corps en plus de ſix endroits.

Lors le Preuoſt luy demanda qui l'auoit gardé de
mourir, il luy reſpôdit que s'auoit eſté la belle dame de Lieſſe. Lors commanda le Preuoſt, aux voiſins de le deſpendre ſur peine de perdre tous leurs
biens, ſi leur enchargea de le nourrir, luy, ſa femme
& ſes enfans tant qu'il viuroit, & s'ils ne ſi vou-
loient conſentir il leur bailleroit leurs maiſons &
tous leurs biens, laquelle choſe ils accorderent de
le nourir toute ſa vie. Puis deſcendirent le pauure
homme, le porterent en leurs maiſons, & le firent
guarir. Et quand il fut ſain il s'en alla viſiter & remercier la belle Dame de Lieſſe, qui luy auoit ſau-
ué la vie.

EN l'annee mille cét cinquãte deux, en la Côté de
Neuers au Duché de Berry, y auoit vne ieune
Damoiſelle, laquelle maria ſa fille à vn gentil homme, bon, honneſte & bien morigeré, puiſſant & riche, demeurât à ſix ou ſept lieuës de ladite damoiſelle. Ceſte domoiſelle aimoit tant ceſtuy ſon gendre & ſa fille qu'elle ne les voioit pas à demy, & de
fait, quãd elle alloit veoir ſa fille, elle eſtoit aucune
fois vn mois & demy auec elle faiſant bonne chere, ſi qu'elle ne pouuoit retourner en ſa maiſon, tãt

les aymoit d'amour naturelle, car iamais ne penſa
nul mal vilain côtre ſon gendre, ne ſon gédre contre elle, ſouuent s'en allerent eſbatre en aucun lieu
tous trois enſemble pour paſſetemps, côme d'aller
voir ſes parens & circon-voiſins, aucunes fois le
menoit en pelerinage. Et vn iour pria ſon gendre
qu'il la menaſt à noſtre Dame de Lieſſe, car elle la
ſeruoit chacun iour de bon cœur, lequel luy mena
volontiers, accompagnez de ſa femme fille d'elle.
Le pelerinage fait reuindrét à la maiſon du gendre
faiſant bône chere, côme ils auoient accouſtumé.
Quand les voiſins veirent que ceſte damoiſelle e-
ſtoit ainſi continuellement auec ſon gendre, pource qu'elle eſtoit encores belle féme, ſoupçonnerét
aucun mal ſur eux, par l'enhortement du diable: a-
lors vne mauuaiſe féme de boucher vint à la maiſon où eſtoit la damoiſelle, la tira à part, luy dit damoiſelle ie ne ſçay côme l'entendez, les voiſins diſent que voſtre gendre vous maintient, voire dit la
damoiſelle, il n'eſt pas vray, qui la dit a men ty, lors
elle fut ſi deſplaiſáte de celà qu'elle ne ſçauoit que
penſer, ſi vint a ſon gendre, luy dit mô amy menez
moy à ma maiſon. Le gentil-homme qui ne péſoit
à nul mal fut d'accord, la mena incontinent à ſon
hoſtel, ſur ſon cheual derriere luy. En allant la damoiſelle qui eſtoit marrie des paroles qu'on luy a-
uoit dictes péſa en ſon courage qu'elle luy coupe-
roit la gorge à fin que iamais n'é fut parlé, ce qu'elle accomplit la meſme nuict. Quand elle eut fait ce
cas elle cômença à plorer rôpant ſes habillemens
& tirant ſes cheueux diſant: Helas meſchante fem-

me qu'as tu fait?tu as tué ton gēdre ta fille eſt veu-
ue,Ha ! dame de Lieſſe ſecourez moy. Ainſi deſo-
lée & marrie qu'elle eſtoit print le corps, l'emporta a ſon iardin & l'enterra . Apres peu de temps a-
uint qu'on ne voyoit point retourner ceſtuy ſon
gendre, dequoy ſa femme s'eſmerueilloit,& man-
doit ſouuēt a ſa mere,en demandant où elle l'auoit
enuoyé. La mere luy mādoit qu'il s'ē eſtoit retour-
né dés le lendemain qu'il l'auoit ramenée. Or ne ſe
furent iamais doutez ceux qui les cognoiſſoiēt , ne
meſcreu la damoiſelle,laquelle eſtoit fort dolente,
prioit chacun iour noſtre Dame de Lieſſe , que ce
cas ne vint point a cognoiſſance,eſtoit mout repē-
tante d'auoir commis ce crime tant enorme , con
feſſa ſon peché, duquel elle eut abſolution en faiſant penitence. Le preſtre qui ſçauoit le cas d'elle,
fut tenté du peché de la chair , & péſa qu'il prioit
la damoiſelle, & ne demeura gueres qu'il vint a ſō
hoſtel par pluſieurs fois, de fait la pria, & en fin
l'oprpeſſa,ce q̃ voyāt luy reſpōdit qu'elle n'en fai-
roit rien. Lors le maudit preſtre,ſauf l'honneur de
Dieu, luy dit qu'il l'accuſeroit à la Iuſtice , qui la feroit bruſler, ſi elle ne luy conſentoit à ſa volōté , la
damoiſelle bien couroucée cuida deuenir folle &
s'argua tellemēt q'elle luy dit que s'il ne ſortoit de
ſa maiſon qu'elle luy feroit deſplaiſir. Alors le preſtre s'en alla fort deſpité , à la Iuſtice reueler la cō-
feſſion d'elle & l'accuſa de ce cas. Parquoy incōti-
nent le Iuge l'enuoya querir & deuant luy cōfeſſa
ce meurtre, & la condamna à eſtre bruſlée deuant
ſa maiſon . La pauure dame ſoy deſconfortant; re

clamoit ſouuent noſtre Dame de Lieſſe: & elle mit
du tout ſa fantaſie qu'elle luy ſauueroit la vie. Le
iour vint qu'elle fut amenée pour eſtre bruſlée. Si
fut liée à l'eſtache & fagots mis autour d'elle: puis
couuerte de paille, le bourreau mit le feu dedans:
mais onc ne ſçeut tant faire que le feu voulut bru
ſler: tant plus il aprochoit le feu, plus il ſe reculoit
tellement que le preuoſt qui là eſtoit vint interroger la damoiſelle, qui s'eſtoit qui la gardoit: Laquelle reſpôdit que c'eſtoit noſtre dame de Lieſſe.
Puis conta au iuge comme c'eſtoit vn preſtre à qui
elle s'eſtoit confeſſée, lequel auoit reuelé ſa côfeſ-
ſion, pour ce qu'elle n'auoit voulu conſentir a ſon
plaiſir faire. Adonc le Iuge luy demanda ſi elle co-
gnoiſſoit bien le preſtre? elle dit ouy. Et ainſi côme
on oſtoit les bourées d'étour elle, aduiſa le preſtre,
& dit môſieur, voyla celuy qui m'a accuſée. Subitement deuant, tout le monde vin tle diable qui emporta le preſtre viſiblement. Lors le iuge voyât ce
miracle, fit amener la damoiſelle, & luy ſauua la vie
par le vouloir de Dieu & de la vierge Marie.

EN vn quartier de Bourgongne y auoit vn mar-
châd, lequel ne pouuoit auoir enfâs de ſa femme, pour laquelle choſe ſe voüa à la belle Dame de
Lieſſe, & qu'il iroit viſiter, s'il luy plaiſoit tant faire enuers Dieu qu'il luy donnaſt enfans, la bonne
dame de Lieſſe qui n'oublie point ceux qui prient
deuotement: auant qu'il fut le bout de l'an, ſa femme fut groſſe a vn mois pres d'accoucher: il voulut
aller accomplir ſon voyage, ſe mit en chemin: mais
auât qu'il peut arriuer a l'Egliſe, il trouua des brigans

ans qui luy oſterent tout ſon argent, le lierent à
vn arbre, où il fut deux ou trois iours, tellemēt que
le bō hōme reclamant la Dame de Lieſſe fut ſecou-
ru & deſlié d'vne pucelle: pour laquelle choſe deſirant d'accomplir ſon vœu ſãs denier ne maille alla
remercier la belle dame en ſon Egliſe. Ce pendant
ſon voyage, ſa femme accoucha d'vn beau fils, dont
elle fut bien ioyeuſe. Si aduint au bout de xv. iours
que ceſte femme ſe baignoit, & voulant auoir com-
pagnie, enuoya querir vne ſienne cōmmere, pour
eſtre auec elle au baing, par ſa garde qui la gardoit,
laquelle baillia l'enfant à ſa mere eſtãt dans ſon bain
luy diſant qu'elle ſe dōnaſt de garde qu'il ne luy eſ-
chapaſt en l'eau. La mere reſpōdit qu'elle ne ſe ſou-
ciaſt point, mais ſe diligentaſt toſt d'aller. Incontinent que la garde fut partie, il prindt ſi grand ſom-
meil à la femme dedãs ſon baing, qu'il luy conuint
dormir, tenant ſon enfant en ſes bras: lors le diable
qui iamais ne dort, tēra la femme de pluſieurs ſon-
ges, tellement qu'elle laiſſa cheoir l'enfant dedans
le baing, lequel fut noyé. Incontinent la garde & la
cōmere arriueren t, & trouuerent l'enfant ſur l'eau
flottant & ſa mere dormant, lors commencerent à
s'eſcrier les° noſtre Dame, traitreſſe fēme qu'eſt-ce
que tu as faict? tu as noyé ton enfant. Soudain la
femme s'eſueilla, fut bien eſbahye, ne ſceut que dire ſinon crier. La Iuſtice eſtant aduertie, y voulut
pouruoir: & eſtant releuée, fut condamnée à eſtre
penduë & eſtranglée. L'enfant ia quatre iours mort
& enterré, va arriuer le bon hōme de mary, de ſon
voyage de Lieſſe, alors les voiſins luy cōterent ce

qui estoit aduenu à sa femme : lors le bon homme
se print à reclamer nostre Dame de liesse, en se de-
confortant piteusemét, demanda où estoit sa féme,
si luy fut dit qu'ó en alloit faire Iustice, lors se print
à courir tát qu'il peut, vint deuers le Iuge luy escri
ant qu'il vouloit parler à sa femme. Le Iuge voyát
ce bon homme, luy dit qu'elle estoit condamnéeà
mort: mais que volontiers parleroit à elle, laquelle
chose il fit. Quand la femme vit son mary, & le mary sa femme, Dieu sçait qu'elle pitié, disant l'vn à
l'autre. Helas ma femme dit le mary, que vous est
il aduenu? ie ne sçay cóme cela m'est aduenu : helas
amy, c'est le plus bel enfant que iamais vous vistes.
Lors le mary pria le Iuge qu'il vit son enfant. Et le
Iuge respódit qu'il estoit ia pourry, il y auoit quatre iours entiers qu'il estoit enterré. Nonobstát le
pauure homme le voulut voir. Le Iuge enuoya de-
terrer l'enfant par ses sergens, l'apporterent deuát
le Iuge & deuant le pere, l'enfant sentoit comme
baume. Quand le pere vit son enfant, il se mit à genoux, s'escria nostre dame de Liesse, si haut que cha
cun l'ouyt disant : Belle dame, cest enfant a esté en-
gendré par ton plaisir, ie te prie monstre icy ton
miracle, car ie croy que tó fils ne te refusera point.
Incontinent apres la parole finie, l'enfant cóméça
à crier & ietter plusieurs soupirs deuát la Iustice qui
là estoit. Le Iuge voyant le miracle, rendit la femme à son mary auec l'enfant.

EN autre pays, le neueu du Comte son heritier
seul, par faux rapport de deux maquerelles qui
auoient tesmoigné qu'il auoit prins à force vne fil-

le, fut condamné à eſtre deuoré en la foſſe aux liõs,
cependant que le Comte eſtoit allé viſiter la belle
dame de Lieſſe, & auoit enchargé à ſon preuoſt ou
bailhf de faire bonne iuſtice tandis qu'il feroit ſon
voyage, dont ainſi fut fait de ſon neueu, lequel fut
mis pour deuorer à la foſſe aux lyons, & fut donné
à la pucelle qu'on diſoit que ledit neueu auoit for-
cée cent eſcus : les deux macquerelles qui gouuer-
noient la fille s'entr'occirent, car l'vne occit l'autre, & celle qui fut occiſe empoiſõna la fille de l'autre maquerelle: ainſi moururent toutes trois meſ-
chamment. Au bout de trois ſepmaines le Comte
reuint de ſon voyage, demanda ſon neueu, on luy
dit qu'il eſtoit mort luy fut conté le cas, parquoy
il fut eſbahy, reclama la dame de Lieſſe. Et auſſi l'é-
fant qui touſiours auoit bien ſeruy la belle dame, a
uoit eſté acculé à tort, fut preſerué des Lions en la
cauerne, qui ne luy toucherent. Adonc le Comte e-
ſtant fort marry, voulut aller voir la foſſe. Et quãd
on ouurit l'huis, ſon neueu dit : c'eſt mal fait que
ne me tirez hors d'icy. Adonc le Iuge bien eſtonné
le fit tirer incontinent, en luy demandant comme
il auoit eſté tant en vie. Et il dit qu'il n'y auoit fait
que dormir. Parquoy le Comte ſceut bié que ce a-
uoit eſté par la grace de la belle dame qu'il auoit e-
ſté preſerué de mort, & il rendit graces à Dieu.

LE ſixieſme iour de Iuillet l'an mil cinq cés cin-
quante quatre, fut faict vn grand miracle en la
v.lle & cité de Laon, par la grace de Dieu & de noſtre Dame de Lieſſe, vne femme enceincte fut par
l'eſpace de quatre iours ſans pouuoir enfanter, elle

estant en si grand angoisse promit en son cœur de
visiter l'Eglise nostre Dame de Liesse:incontinent
fut deliurée: mais à son enfant ny apparoissoit vie,
& fut ledict enfant par l'espace de quatre heures en
tel estat. La mere voyant son enfant sans vie, en tel
estat qu'elle estoit se prosterna à deux genoux, les
mains ioinctes vers les cieux, priant la belle Dame
qu'il luy pleust prier Dieu que son enfant peust a-
uoir vie, afin d'estre baptisé, qu'elle feroit chanter
vne Messe haute deuãt la belle Image de Liesse quẽ
ce lieu presenteroit vn cierge de cire pesãt trois li-
ures à l'honneur de Dieu viuant en Trinité, incontinent sa priere faicte, l'enfant se print à mouuoir,
& a esté baptisé sur les fons de baptesme, Les noms
des pere & mere y sont inscripts.

Autre miracle aduenu par l'intercessiõ de la glorieuse vier-
ge Marie, ainsi qu il se void escript en vn tableau
en l'Eglise nostre Dame de Liesse.

L'An mil cinq cét soixante dix-neuf, le premier
Dimanche de Caresme, vn nõmé Iean Poitre,
demeurant à Monhery aagé de quatorze ans, a esté
frappé d'vne vire par la teste, en regardant tirer à la
butte: ce coup panetrant dedans le trou de l'oreille
dextre, entrant bien auant dedans la teste iusques
au cerueau, soudain qu'il fut frappé se recõmanda
à Dieu & à nostre dame de Liesse, prometãt de la venir seruir audit lieu de Liesse, auec vn cierge pesant
vne liure en sa main, lequel incontinent se sentit a-
legé & peu de temps apres fut guary, aussi tost est
venu mercier Dieu & nostre Dame, en son Eglise

de Lieſſe aportant certificat de la iuſtice dudiﬅ
Monthery, pour aſſeurer dudiﬅ fait : Au deſſus du
tableau où eſt eſcript ce miracle en ladite Egliſe, il
ſe void vne teſte de bois, & ladiﬅe vire de laquelle
il fut frappé, qui eſt pour donner la cognoiſſance
de ce miracle & loüer Dieu de ſes graces.

Tous pelerins deuotieux
Qui deſirez les beaux faiﬅs merueilleux
De noſtre Dame de Lieſſe faiﬅs iadis
Sçauoir & diﬅs de cœur denotieux
Icy liſez : car ils y ſont compris,

Oraiſon à la vierge Marie.

O Vierge en tout temps, mere de Dieu & de Ieſus-Chriſt, porte en haut noſtre oraiſon vers
les eſleuz de ton fils, afin que nos pechez ſoiét par-
donnez : Reſiouys toy ô Dame, car tu nous as enfanté la vraye lumiere Ieſus Chriſt noſtre ſeigneur.
Prie pour nous enuers luy, afin qu'il face miſeri-
corde à nos ames. Prie pour nous en la preſence du
ſiege Royal de ton fils Ieſus Chriſt, reſioüis toy belle vrayement Royne, reſiouis toy la gloire de nos
parens : car tu nous as enfanté l'Emanuel : O vraye
mediatrice deuant noſtre ſeigneur Ieſus-Chriſt,
nous te prions humblement que tu ayes memoire
de Nous. Prie pour nous à ce que nos iniquitez
ſoient effacées.   Ainſi ſoit-il.

Ceste figure reprefente la triomphante victoire du precieux Corps de Dieu fur l'efprit malin Belzebuth, par grand miracle obtenu en l'Eglife de noftre Dame de Lieffe, & à Laon.

L'abregee histoire du

GRAND MIRACLE PAR NO-
STRE SAVVEVR ET SEIGNEVR IESVS-
Chrift en la faincte Hoftie du fainct Sacrement
de l'autel, faict à la ville de Laon, l'an de grace
mil cinq cens foixante fix.

Comme furent chaſſez vingtfix diables par l'interceſſion de
la glorieuſe vierge & mere de Dieu. Marie, en l'Egliſe
Noſtre Dame de Lieſſe, pres la ville de Laon.

'An de noftre falut mil cinq cés foi-
xáte cinq, Pius quartus, & apres Pi°
quitus eftát Pape de Rome:au Royaume de France y regnant le tres-
ChreftiéRoy Charles neufiefme de
ce nom:il eft aduenu que ladite an-
née, le troifiefme iour de Nouembre, fur les trois
heures apres midy, à Vvreuin en Tirarche du gou-
uernement de Picardie, Diocefe de Laon en Laonnois : Nicolle Obry aagée de quinze à feize ans, fille legitime de Pierre Obry boucher, & de Catheri-
ne Vvillot, femme de Loys Pierre, couſturier, eftát
toute feule en l'Eglife, & priant Dieu pour les tref-
paſſez, eftant agenouillée fur la foſſe de deffunt fó
grand pere Ioachim Vvillot, aduifa deuant foy cóme vn hôme droit enfeuely qui parla à elle, la pour-
fuiuit & chargea, s'apparoiſſant pour troifiefme
fois à elle, reſſembloit & fe difoit eftre ledit deffût
gràd pere d'icelle. Ce qu'elle creut, lors foudaine-
ment il entra en elle, & l'a rendit fi malade, qu'el-

le receut l'extreſme vnction, ietta tant & ſi horri-
blement ſoudains & redoublez ſouſpirs, qu'on la
iugea eſtre au traict de la mort, Toutesfois elle demeura comme tranſie, & lors ſõ grand pere interi-
eurement s'apparoiſſoit & parloit à elle. Luy eſtant
vn peu amendé, elle reſpondit & dit à ſes parens,
que ſon grãd pere s'eſtoit apparcu à elle, & pour la
deliurance d'iceluy des peines de Purgatoire (où il
eſtoit detenu : pource comme il diſoit, que apreſ ſõ
ſouper ſubitement ayant eſté ſaiſi de la mort, il ne
s'eſtoit confeſſé ne declaré les voyages qu'il auoit
voüez en ſa vie) inſtamment il demandoit qu'on
fit dire des Meſſes, dóner des aumoſnes & faire les
pellerinages qu'elle leur diſoit. Or les parens & a-
mis voyans que pour l'entier accompliſſement de
ces bonnes œuures, le mal ne diminuoit, & enten-
dant d'auantage, que le voyage de ſaint Iaques re-
ſtoit encores à eſtre faict, ou bien conuerty en autres pelerinages ou bonnes œuures, par l'aduis de
gens de bien & de ſçauoir, ils firent cõiurer ce grã
pere par maiſtre Claude Lautrichet l'vn des Curez,
& par maiſtre Guillaume Lourder, le maiſtre d'eſ-
cole. Le grand pere donc reſpondit (comme tousiours depuis) en la bouche ouuerte de Nicole, à
pluſieurs coniurations, & ſe dire eſtre de Dieu, & en
uoyé de Dieu, & de Ioachin Vvilot l'ame & le bon
Ange d'iceluy : mais à ſes effects & dicts il fut iugé
ange mauuais, ce tenebres & Satanique. Dont
auſſi par viues raiſons, frere Pierre de la motte religieux, predicateur de l'ordre de S. Dominique,
appellez Iacobins, le monſtra eſtre vn menteur, &

par

parce le declara eſtre vn diable, & de fait toſiours
depuis viuement au nom de Dieu le preſſa de ſortir de ceſte creature. Ce grand pere eſtant cognu
tel, encores qu'il s'en fuſt deffendu tant qu'il
eut peu & finablement par coniuration cõtrainct,
reſpondit ſon nom eſtre Beelzebuh, qui eſtoit ſeul
qu'il y eſtoit étré, parce que la mere & le mary la luy
auoiẽt donnée, & qu'elle luy auoit donne ſon cõ-
ſentement, le croyant eſtre ſon grand pere, & touſiours deuant la Saincte Hoſtie la rendit horrible à
voir, eſpouuentable à ouir, finalement comme i'ay
dit au parauant, incrediblement dure & roide au
toucher. Dauantage s'aparut à elle cõme vn homme fort hideux, laid & nouér (dont elle ne creut pl'
que ce fut ſon grand pere) & l'emporta par trois
fois, & apres en la coniuration, confeſſa auoir biẽ
puiſſance ſur le corps, mais non pas plus ſur l'ame
d'icelle, par ce qu'elle ne luy auoit rien voulu donner, depuis qu'elle croyoit que ce fuſt vn diable, &
par peur ãlle receut pleutà noſtre Createur au matin, en la maiſon du pere d'icelle, il rendit muette,
aueugle & ſourde l'vn apres l'autre: & de puis, afin
qu'elle ne ſe cõfeſſaſt des larrecins qu'il ſe diſoit luy
auoit faict faire aux pere & mere d'icelle, la rendit
tout à coup muette, aueugle & ſourde (elle cependant par ſigne des doigts mit en ſa bouche demandant la neceſſité de boire & manger) iuſques à ce
qu'il fuſt reuenu en elle & la repoſſedaſt, lors iaſat
plus en elle qu'au parauant ſe mouuoit du biẽ fait;
& accuſant touſiours de vice, reueloit, voira aux
plus loingtains de la grãde multitude de ſes aſſiſtãs

F

leurs pechez, les plus secrets non confessez au pre-
stre, ne se souuenant plus des confessez, côme sou-
uentesfois il l'a dit, & l'experiéce l'a demonstré. Or
le bon religieux d'auantage s'accompagna des des-
susdits gens d'Eglise, pour plus viuement côtrain-
dre le diable sortir, premierement en la maison, secondement en l'eglise, il s'affligea par oraison, ieu-
nes & toute sorte de labeur, & ainsi de fait & de dit,
il preschoit l'aduent, enseigna les gens de Vvreuin
qu'il enflamboit à deuotion, & és eueschez de Laõ,
de Soissons & de l'Archeuesché de Reims, & les su-
iets de la Comtesse de Brenne, à se côtenir en bon
estat pour receuoir nostre Sauueur & seigneur Iesus-Christ à Noel, & incessamment auec processiõs
le prier pour le salut de la patiente, à laquelle il fit
rendre la parole, la veuë, & l'ouye, premierement
par l'attouchement de la vraye Croix à la bouche,
aux yeux & oreilles d'icelle, & ce pour vn temps,
durant lequel elle se confessa de tout ce que le diable l'auoit accusée, receut pardon à la saincte Ho-
stie au matin, & finablement apres que Belzebuth
eut appellé tous les autres diables à son ayde pour
luy faire veoir à vne heure plusieurs fois receuoir
le seul victorieux remede, qui est nostre Createur
Sauueur & seigneur Iesus-Christ en la saincte Ho-
stie, de laquelle le bon religieux voyant la premiere victoire, fut esmeu de grand ioye, & s'escria disãt
ô maistre Gonin te voila vaincu. Aussi fut Nicole à
l'instant rendue, comme tousiours depuis apres a-
uoir receu nostre seigneur, saine d'esprit de corps,
enflambée de deuotion, & ornée de gracieuse beau-

té du tout furpaffant la naturelle. Belzebuth donc
fe voyant, par la prefence du Roy des Roys en la
fainĉte Hoftie, eftre contraint de s'enfuir auffi fou-
dain qu'il reuenoit, & non pas par les fouuerains
efforts des miniftres pretédus reformez qui fe pre-
fenterent à le coniurer, aufquels il dit qu'il ne feroit rien pour eux, parce qu'il eftoit leur maiftre, &
qu'ils eftoient des fiés qu'il les aimoit bien: Belzebuth a dy-ie auffi toft chaffé que reuenu s'eflança &
tint fon fort en vne iambe, puis au bras gauche qui
rendoit forclus du fens d'iceluy, principalement
quand il la laiffoit: car la poffedant il vfoit pl° d'i-
celuy que de l'autre, & fe fortifia d'auantage de
vingtneuf autres diables qui en horribles vifions
apparoiffant à elle, comme hommes laids & hideux qui auec efpeés & dagues toutes nues, la vou-
loient tuer: comme gros chats noirs, auffi grands
que moutons, qui la vouloiét efgratigner, mordre
& eftrangler: & comme flambeaux de feu fentans
fort le fouffre qui luy entroit és yeux & en la bou-
ché, dont elle fe difoit eftre quafi eftouffée: ainfi
fe reprefentant à elle la faifoient treffaillir de peur
& mettre fes mains deuant fes yeux: defquels tréte diables, le religieux à l'interceffion de la glorieu-
fe vierge & mere de Dieu Marie par la fainĉte Hoftie, en chaffa vingt fix en l'Eglife noftre Dame de
Lieffe, & le lédemain vn autre nómé Legio à Pier-
re-pót, à l'interceffion des faints, defquels les Chaf-
fes y eftoient: & ne les pouuans chaffer tous parce
qu'il y en auoit qui ne s'en iroient que pour l'euef-
que comme l'auoit dit Belzebuth, il conduifit la

patiente à Laon le Ieudy xx.iiij. de Ianvier mil ci
cens soixante six, & à fort grand peine (parce q
tous craingnoiét de loger le diable, qui reueloit
pechez des personnes) la fit loger en l'hostelle
des porcelets. Ainsi la rendent entre les mains
Reuerend pere en Dieu Messire Iean de Bours tr
digne Euesque & Duc de Laon, qui ia à Vvreu
insques à Laon Nostre Sauueur & Seigneur Iesus
Christ comme par vn ieune garçon (s'il n'est autre
les sauua tous du peril des eaux deuât Liesse, aus
par le reueréd pere en Dieu frere Geofroy de Belly
de Prunay sçauant, magnanime & liberal Abbé de
Sainct Vincent de Laon, les deliura à Pierrepon
de l'effect de la mauuaise volonté des ennemis de
l'Eglise Catholique, & garda tousiours ladicte Ni
cole, laquelle a Laõ les pretédus reformez veille.
rent, eurét grand peur, & peine a la tenir, & virent
en icelle les contraires effects de l'hauteur de mort
& du pain de vie, & ce tant au logis desdits pour
celets, qu'en la prisõ, ou quelqu'vn de leurs Mede.
cins mesmes, apres vn furieux dueil, luy bailla vn
bruuage fort puant & pernicieux, non sans le pe
ril du corps d'icelle, laqu'elle encore dauantage il
menaceret de tuer. Parquoy il fut necessaire le met
tre en seureté cóme tres-charitablemét la receut,
soustint & deffendit, & nourrit depuis en sõ logis
frere Pierre Spifame, Cheualier de l'ordre de S.
Iean de Hierusalem, Cómandeur de Chastilon &
de Puisieux, qui fut vrayemét esmeu à la receuoir
par la priere du reuerend pere Euesque, mais prin
cipalemét par la saincte remonstrâce que cordial.

lement luy fit mettre Nicolas Regnier, loyal gou-
uerneur de la maiſon d'iceluy, & maiſtre du vene-
rable chapitre . Plus en ceſt hoſtel fut faict vn fort
beau exercice de deuotion, le tout eſtant conduict
par maiſtre Nicole d'Eſpinois, chanoine de noſtre
Dame de Laõ, qui depuis touſiours auec les autres
gardes tant de iour que de nuict aſſiſta à la patiente
& a porté teſmoignage deuant le Prince de Condé
le reuerend pere Eueſque, dont en gràde humilité
douceur & patience s'affligea par oraiſons, iuſnes
& labeurs, fut bien ſecõdé des venerables maiſtres
Chreſtoſle de Hericourt le Doyen maiſtre Nicaiſe
Peze l'official, & conſeiller du Roy, du chapitre &
gens de la ville, & autres Catholiques, & ſur l'eſcha-
faut (qui par les dicts du diable en la chapelle de
Puiſieux, & par les complaintes de la grande multitude, veoir quelque fois pour vne heure plus de
mille des aſſiſtans, fut releuée en la nef de l'Egliſe)
a faict grand deuoir de bon paſteur, & a chaſſé les
trois autres diables, auec l'aide des prieres des gẽs
de bien, addreſſées à Dieu & à noſtre Dame de Lieſſe.

Loué ſoit Dieu.

IE te saluë Princesse inestimable
Mere de Dieu, Royne du Ciel notable,
De Paradis porte d'or singuliere,
Dame du monde, vierge pure honorable
Qui as conceu le fruict incomparable,
La fleur du Ciel, le tresor, la lumiere
Comme subiects à tà saincte chapelle,
De Liesse ie me rends & t'apelle
A mon secours, car de necessité
Sans toy ie ne puis estre respiré.
Si te supplie comme dame & maistresse
Que tu donne par ta grace, & pitié
A tes seruans perdurable Liesse.

Pucelle plaisante & delectable,
Des desolez recours tres-amiable,
Qui as porté vierge seine & entiere,
Le fils de Dieu sans que fusses coupable
D'aucun peché charnel vituperable:
Mais as gardé virginité premiere
Tu es de Dieu fille, mere & ancelle
Et outre plus sur toutes femmes celle
Où il y a plus de felicité,
Bien l'as monstré, quand nostre humanité
De toy a pris vne si grand noblesse
Que de donner tu as authorité
A tes seruans perdurable liesse.

Helas vierge de ton œil pitoyable
De grace plain, doux & fauorable,
Ne iette pas les pecheurs en arriere,

Mais me garde du faux monde damnable
Qui me mettra à fin tres-miserable
Si n'est par toy de grace thresoriere,
Dont ie te prie precieuse pucelle,
Noble sans per, des autres la plus belle:
Tour de vertu, Lys de virginité,
Puits de douceur, fontaine de beauté,
Que tu nous sois escu & forteresse
En impetrant par ta grand charité
A tes seruans perdurable liesse.
  Prince regnant en la gloire eternelle,
Qui fut nourry du laict de la mammelle
A la vierge, qui sans charnalité,
Conceu ton corps pour en ouyr nouuelle
Et nous donner par la priere d'elle
Finablement gloire & tranquilité:
Ne te prens garde à nostre iniquité,
Mais aye pitié de l'ame pecheresse,
Donnant là sus auec la Trinité,
A tes seruans perdurable liesse.

Ainsi soit-il.

A Vous secours des desolez,
Nous venons en pelerinage :
Tous desolez vous consolez,
Humble vierge de haut parage :
Obediens de bon courage:
Icy nous venons presenter,
Ne nous vueillez reietter,
En vous auons seule esperance:
Vous nous auez ia faict aydance
En toutes nos aduersitez
Reconfort aux desconfortez:
Auez donné digne Princesse:
Royne fleur de toute beauté,
Donnez à vos seruans Liesse.

Pater.   Aue Maria.

Mon cœur en Dieu.